아내의 외출

문학공원 시선 192

농부 시인
이 재 업 시집

아내의 외출

유년의 영상 재현을 통한 아가페적 사랑의 세레나데!!

아내가 외출을 한다
틀에 박힌 일상에서 벗어나
혼자만의 여유로운 시간이
얼마나 그리웠을까

문학공원

자서

나는 5월의 봄이다
내 안의 생각들이 무수히 꽃 피고 새싹으로 돋는다

나는 강물이다
내 안의 생각들이 살아 움직인다

나는 붉게 물든 저녁노을이다
장에 가신 엄마를 기다리고 있다

나는 달무리진 달빛이다
선명하지 않은 생각으로 사물을 들여다본다

나는 빛 바랜 일기장이다
내 가슴 갈피갈피의 사연들이 누렇게 쓰여 있다

2021년 봄

이 재 업 배상

차례

2부. 남편들이여!

차례

3부. 내 사랑에는 유효기간이 없다

4부. 그리움의 꽃

차례

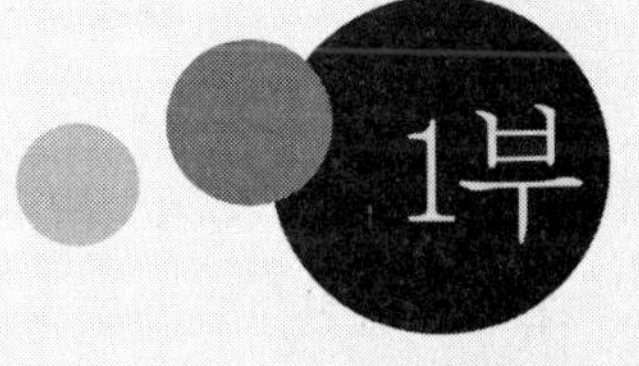

1부

양은도시락 속의 개미

양은도시락 속의 개미

그땐 그랬지
노는데 정신이 팔려
해가 지는 줄도 몰랐지
풀섶 아무데나 던져놓은
누런 양은도시락 속엔
반찬냄새를 맡고 침투한
좁쌀만큼이나 작고 까만 녀석
대여섯 놈이
말라붙은 밥알 하나를 놓고
실랑이를 벌이고 있었지
요런,
맹랑한 녀석들 같으니라고…

김장

보일 듯 보이지 않고
감춰진 듯 감춰지지 않은
하얀 속살을 드러내고
얼음처럼 차가운 물속으로
등 떠밀려 처박히던 날
빳빳하게 치켜세운 자존심
바람 빠진 풍선처럼
제 풀에 꺾여 내던지고
그대 손놀림에 따라
발갛게 달아오른 몸뚱이는
순응할 수밖에 없었다

天의 눈물

이내
잿빛으로 물들이더니
두려움 속에서
눈물 펑펑 흘리는 너

얼마나 많은 설움에 쌓여
그토록 긴
슬픔을 쏟아내는지

얼마나 아픔이 컸으면
밤이 새도록
고통을 털어놓는지

하늘이 울던 날
그리움에 젖는 나…

불량딸기

너 많이 아팠구나
나도 아프다
넌
어쩌면
나랑 꼭 닮았니

퇴근길

천근만근
쇳덩이보다
더 무거운 몸
쇠사슬에 목을 맨
개처럼 끌려가듯
그렇게
끌려가는 걸음걸이
알밴 다리
머리에 이고 가면
한결
가벼워지려나

바다가 좋다

하늘과 이마를 맞대고
발랑 누운 끝없는 바다
보기만 해도 마음이 설렌다

바다내음에 흠뻑 젖어들도록
시원한 파도소리에
생각만 해도 가슴이 떨려온다

갯바위에 부대끼며
시퍼렇게 멍이든 바다
파랗다 못해 검푸르다

바다가 좋다
생각만 해도 가슴 설레고
바라보고 있을수록
막힌 가슴 확 트이는 바다

임과 함께
다정히 손잡고 거닐던
푸른 동해바다에 가고 싶다

난쟁이 소나무

세월을 벗을 때마다
바싹 말라
삭정이가 된 가지 하나
삭둑 잘라버리고

세월의 두께만큼
늘어만가는
손톱자국 같은 옹이들로
덕지덕지
누더기 옷 기워 입고는

제 몸보다 더 큰 솔방울을
주렁주렁 매달고
천길 벼랑 끝
갈라진 바위틈을 잡고
힘에 겨운 듯
그렇게 매달려 있어도

늘 변함없는 모습으로
푸르름을 잃지 않는 너

마음의 길

오늘밤 나는
마음으로 드는 길을 만들고
그대가 좋아하는 꽃을 심었어

혹여
꿈길에 찾아올 그대
길이라도 잃어 버릴까봐
커다랗게 이정표도 만들어 세우고
그대 오는 길목에
호롱불 들고 마중하려 해

핑계

- 연꽃

분단장 곱게 하고
배시시 웃음 흘리는 저 연(蓮)아
날 유혹하지 마라

스치는 바람을 핑계로
연둣빛 짧은치마
살짝살짝 들춰대니
보일락 말락
남정네 가슴팍에 불을 댕기는 저 연(蓮)

오매,
환장하겠네

질투

아름답고 예쁘고

향기로운 꽃에

벌 나비만 모이더라

세월너머의 길

길이 있었지
기억 속 두루마리를 풀면
세월너머로 이어진 길

덜컹거리는 소달구지 꽁무니에 매달려
뽀얗게 이는 흙먼지를
흠뻑 뒤집어쓰고 양껏 마셔도 좋았던 그때
아버지 등처럼 휘어진
논둑길을 따라가면 어른
예닐곱만 태워도 비좁은 나룻배도
그땐 그 크기를 가늠할 수 없었지
등에 찰싹 달라붙은
네모난 양은도시락 속에는
발자국마다
떨그럭떨그럭 소리를 내며
오후 내내
말동무가 되어주던 숟가락이 있었지

편 나누기

너
나
우리

니편
내편
편 나누지 말자

편을 나누는 그 순간부터
바로
전쟁이다

칼보다 더 날카로운
혓바닥이
서로의 가슴에 비수로 꽂힌다

비밀

난
너를
나 혼자 보려고
가슴 깊이 숨겨놓았지

난
너를
나 혼자 보려고
가슴 깊은 곳에 가둬두었지

그 누구도 볼 수 없게
뜨거운 심장으로
꾹꾹 눌러놓고
가끔
아주 가끔
그리움에 잠 못 이루는 밤
아무도 모르게
살짝 꺼내보곤 하지

나비의 꿈

꽃이 필 때를 기다려
딱딱하게 굳어버린
거치래 같은
허물을 벗어 던지고
꽃향기에 취해
비틀 거리는 날갯짓으로
자유를 향한 꿈을 꾼다
그
짧은 생을 살자고…

초록의 눈물

쏟아지는 빗속에서
파랗게 멍들은
풀잎의 눈물을 보았다

갈기갈기 찢겨서
상처투성이의
가녀린 몸짓으로
슬픔을 토해내던 모습을

얼마나 더
많은 눈물을 흘려야
꿈을 피울 수 있을까

고자질

누가
푸르던 들에
노란물감 쏟아놓았나

누가
산마루에 올라
빨간물감을 쏟아부었나

짙은 안개 속에 숨어
남몰래 흐느끼는
잎새의 눈물
햇살에 들켜버렸네

심술궂은 갈바람
살랑거리며 다가가더니
고자질을 했나 보다

폭우 속의 오열

- 매미

얼마나 울었던가
하늘도 울고 땅도 울고
몇 날 며칠을 칭얼대고도
그 울분 다 삭이지 못하니
놀란 가슴 부여안고 임도 운다

송두리째 무너진 꿈
후벼낸 가슴팍은 너덜거리고
삶의 의혹마저 앗아 가버려
넋을 잃고 바라보는 마음은
차라리 눈을 감고 싶으리라

바깥세상으로 가는 길
눈이 흐려져 보이지 않고
건질 것 하나 없는 세간
털썩 주저앉아 한숨 지며
당신이 남긴 흔적이 아니길 바라다
끝내 오열하는 임!

아!

어쩌란 말이냐
희망도 꿈도 다 삼켜버린 그곳
차마 눈뜨고 볼 수가 없는데
차라리 꿈이라면
꿈을 꾸고 있는 것이라면 좋겠다

꽃 진 자리

꽃이 필 때는
마냥 예쁜 줄 알았다
꽃 진자리에 새살이 돋기까지
얼마나 힘들고 아팠을 지는
상상조차하지 못했다

그냥 보고 있으면 기분이 좋아지고
행복해서 웃음이 절로 나오고
마음까지 즐거워서 좋았다

한때는 평생을 갈 것처럼
화려하고 청순한 자태를 뽐내더니
어느 바람 심하게 부는 날
몸서리치며 떨어져 눕는 모습은
너무 초라하고 슬퍼 보인다
꽃이 필 때는 아픈 줄 몰랐다
꽃이 필 때는 슬픈 줄 몰랐다

가슴으로 흐르는 눈물

푸르른 달빛은
구름이 가렸지만
그대 향한 그리움
무엇으로 가릴까

흐르는 눈물은
빗물이 씻어내나
가슴속 흐르는 눈물
무엇으로 씻을까

마음이 가린 그대
애간장만 태우고
그리움 홍수같이
가슴으로 넘나든다

그립고 보고픔에
가슴에 흐르는 눈물을…

사랑의 길

먼 산
수줍음에 붉게 물든 자락이
자욱한 안개 속으로
살그머니 고개를 감출 때

그대
그리는 마음은
가슴속에 작은 샛길을 만들고
그리움을 피우려 한다

초록이 달아올라
그대 볼에 입맞춤한
노을빛에 기대여
그대 숨결을 느낄 때

애증의 잎새마다
송글송글 맺혀있는 설움
사뿐히 즈려 밟고
어여쁜 미소 지으며
그대 내게로 오세요

〈

사랑이 꽃 피고
행복이 영그는 길로…

하루 동안의 여정

그 어떤 목적도 없이
얽매인 공간을 뛰쳐나간다

무작정 차를 몰아서
정해놓은 목적지도 없으면서
가속페달을 밟는 발에
서서히 힘을 가해본다

굽이굽이 산길을 돌아
계곡을 따라 흐르다가
경치 좋고 아름다운 곳에
잠시 차를 멈추고 서서
잔설이 듬성듬성 남아있는 풍경을
가슴으로 주워 담을 때

나뭇가지에 걸린 햇살이
얼어붙은 차가운 계곡에 떨어져
바위틈에 걸려 흐르지 못해
빨갛게 달아오른 모습으로
발을 동동 구르고 있다

〈

주옥같이 많은 언어들은
머릿속 이리저리 헤매다가
가슴속에 자리를 잡고
마음으로 정화시킨 것들만
한 줄 詩가 되어 태어난다

마주 오는 자동차 불빛과
대로변에 줄지어선
가로등 불빛 사이를 헤집으며
하루의 여정을 접는다

매일 밤 죽는 나

나는 매일 밤 죽음 앞을 서성거린다

끝도 보이지 않는 어둠이
내 몸을 휘감는 삶에 절망하고
육체를 이탈한 영혼이
심장이 멈춘 나를 내려다본다

나는 매일 밤 죽음을 생각한다
아침이면 다시 살아서
삶과의 타협을 시도하지만
나는 매일 밤 그렇게 죽는다

4월의 눈[雪]

4월의 청아한 하늘에서
눈이 내린다

수명을 다한 꽃잎
바람타고 하늘 오르니
햇살 고운 날
하늘은 온통 분홍빛이다

흐느적흐느적
땅으로 곤두박질치는 눈꽃잎
나뭇가지에 걸리고
연인들의 머리 위에 내려앉고
더러는 콘크리트 바닥에
사정없이 대가리를 처박고
씨익 웃는다

바람 불어 좋은 날
4월의 하늘에서
연분홍 꽃눈이 하늘로 내린다

오월의 바다

오월에 찾아간 바다는
한 치 앞도 볼 수 없는 안개 속에서
거친 숨소리만 토해내며
그 누구의 눈길도 허용하지 않는다

미로 속을 헤집고 나와
갯바위에 올라서서
뭇을 향해 발돋움 해 보지만
하얗게 부서지는 눈물은
차라리 그리움이었다

답답한 가슴 달래보려고
가끔씩 찾아나서는 바다
그리움을 떨쳐내려고
한달음에 달려가보지만
그곳에 그대는 없었다

답답한 가슴 열지도 못하고
그리움은 풀어 놓지도 못한 채
온몸에 짠물만 묻혀
돌아오는 내내 비릿한 바다냄새가 난다

2부

남편들이여!

남편들이여!

남편들이여!
한 번쯤 당신의 아내를
사랑스런 눈빛으로 바라보고
예전처럼 포근히 안아주세요

남남으로 만나
당신 하나 믿고 따르며
꽃다운 젊은 날을 다 보내고
아내의 자리를 지키고 앉아
당신의 애인이길 바라는
당신의 아내는 연약한 여자랍니다

처음 만났을 때
토끼 같고 여우같던 모습이
나이가 들면서
곰 같고 맹수같이 변했다고
흉이 되는 건 아니지요

당신을 만나 살면서
온갖 설움 다 겪으면서

말 못할 고민 속으로 삭이며
새까맣게 타버린 속이 속이겠는지요

당신의 애정 어린 손길이
당신의 따뜻한 말 한마디가
힘들었던 지난 날
눈물로 얼룩진 삶을
모두 망각하게 할 것입니다

당신의 달콤한 입맞춤에
“사랑한다”는 말 한마디에
퉁명스럽고 냉담하게 답할지는 모르지만
지금도
당신의 무뚝뚝한 애정표현을
당신의 따뜻한 체온을 기다리고 있는
당신의 아내는 소녀 같은 여자랍니다

아내들이여!

오늘은 퇴근해 들어오는
당신의 남편에게
"수고하셨어요"라고 말해주세요

축 늘어진 어깨를 하고 퇴근하는
당신의 남편에게 있어
당신의 따뜻한 말 한마디는
그 어떤 보약보다 힘이 될 거예요

그 흔한 꽃 한 송이 사들고 오지 않는
무드라곤 찾아볼 수 없는 남편이라고
주말에 집안일 좀 도와주지 않는다고
짜증 섞인 목소리로 바가지 긁지 마세요

어쩌면 귀찮을지 모르지만
늘 단정한 모습으로
밖에서 들어오는 남편을 맞이한다면
하루 동안 쌓인 피로는 물론
일터에서 받은 스트레스도 풀려
당신의 남편은 좋아할 것입니다

〈

만약 헐렁한 트레이닝복에
자다가 일어난 것 같은 밋밋한 얼굴에
흐트러진 모습으로 바가지나 긁는다면
자칫 당신의 남편은 실망할지도 모릅니다

당신의 남편은
당신을 처음 만났을 때
당신의 단아한 그 모습에 설레던
신비로움을 기억하고 있습니다

출근하는 남편에게
당신의 달콤한 입맞춤은
활력을 주는 청량음료 같고
퇴근하는 남편에게
"힘드셨죠? 오늘도 수고 많으셨어요"라고 해보세요
당신의 남편은 좋아할 겁니다

한 여자의 남편
한 가정에 가장이기보다
당신에게 만큼은 특별한 남자이고 싶고
늘 애인 같은 남자이고 싶은
아직도 철부지 어린애 같은 남자랍니다

아내가 취했어요

밀밭에만 가도 취하는 아내가
오늘은 많이 취해서 들어오네요

무슨 속상한 일이라도 있었는지
복사꽃 얼굴을 하고서
혀 꼬부라진 말을 자꾸 하네요
그래요
일 년이 넘도록 나들이 한번 못하고
녹녹치 않은 살림 꾸리고 사느라
많이 힘들고 속도 상했겠지요
어쩌다 한번 외출을 하고
친구들 만나 수다를 떠는 시간도
편치 않은 마음이라 즐거울 리 없고요

술이 좋기는 한가 봐요
그동안 얼마나 힘들고 속상했으면
꼭꼭 눌러 담아 두었던 속엣 말을
봇물 터진 듯 쏟아내겠어요

아내가 취했어요

술 취한 아내 입에서 쏟아지는
폭포수 같은 불평불만이
그리 듣기 싫지만은 않은 건
그런 아내를 사랑하기 때문이지요

날마다 가출하는 남자

나의 하루는 가출로 시작된다

둥지를 떠난 새들처럼
모난 세상 속을 배회하다가
축 늘어진 어깨위에
일그러진 달빛을 들쳐 메고
다시 돌아올 그곳이지만
일상적인 가출을 일삼는 남자

어떤 날은 날아갈 듯
상쾌한 기분에 콧노래를 부르며
어떤 날은 누적된 피로에
천근만근 무거워진 몸뚱이에 매달려
죽기보다 더 싫은 그런 날도
일탈을 꿈꾸듯
세상 속으로 뛰쳐나간다

여자의 한(恨)

한 여자가 한을 품으면
오뉴월에도 서리가 내린다고 했다
그렇지만
그 서리를 녹일 수 있는 건 사랑이다

여자는 갈대 남자는 바람

흔히들 여자는 갈대
남자는 바람이라 한다

바람이 불면
갈대는 흐느껴 운다

하지만 절대로
혼자서는 흔들리지도
울지도 못하는 것이
갈대의 특성이다

느낄 수 없는 바람도
갈대숲에 서면
더 세차게 느껴지는 건
갈대의 연약함 때문이다

작은 미풍에도
갈대는 소리 내어 울지만
세찬 비바람에는
절대로 꺾이지 않는다

〈

다만

쓰러질 뿐이다

아내에게 바치는 노래

당신과 연애하던 그 시절엔
함께 있는 것만으로 행복했지요

달빛이 스며드는 허름한 오막살이도
밤이슬만 피할 수 있으면
그곳에 천국이라 생각했으니까요

고래 등 같은 기와집에서
배부른 돼지처럼 사는 것보다
외딴 곳에 초가삼간을 짓고 살아도
당신과 함께할 수 있다면
먹지 않아도 배부를 것 같았지요

호강은 시켜주지 못해도
마음고생은 시키지 않겠다고
당신을 공주처럼 떠받들고
머슴처럼 살지는 못 해도
당신의 고운 손끝에
물 한 방울 묻히지 않겠다고
호수처럼 맑은 당신 눈에

눈물 흘리지 않게 해준다고 해놓고
그 흔한 꽃 한 송이 선물하지 못하고
사랑한단 말 한마디
낯간지러워 아껴두기만 했을 뿐
따뜻하게 한번 보듬어주지 못했지요

그동안 마음고생만 하고 산 당신
피곤에 지쳐 잠이 든 당신 모습엔
어느덧 세월의 흔적이 묻어있네요

그 곱던 손마디는 거칠어지고
눈가에는 잔주름이 그림자로 그려져
중년의 평범한 아줌마가 되어버린 당신을 보며
그동안 몹쓸 짓 참 많이 했다 싶어
마음이 아파오네요

미안해요
나 하나만 믿고 살아준 당신

고마워요
그리고 사랑해요

담배 피우는 여자

왠지 쓸쓸해 보이는 여자
허전한 마음을 달래려 함일까
우수에 젖은 눈빛에
무슨 생각을 저리 골똘히 하는 걸까
어둠속에 홀로서서
가늘고 긴 손가락 사이에
담배 한 개비를 끼우고
무슨 고민이 그리도 많은 걸까
허공으로 날려버리는 담배연기 속에
삶의 고뇌를 묻고 싶은 걸까
남의 시선을 피해
혼자만의 고독을 되새기고 간 자리에
버려진 반 토막의 담배꽁초엔
선명하게 찍힌
그 여자의 립스틱자국
추억일까 아니면 미련일까

당신의 아내도 여자예요

남자들은 잊고 산다
당신의 아내도 여자라는 사실을

가끔은 사랑도 받고 싶고
값 비싸고 큰 선물이 아니라
당신이 정성을 담아 준비한
마음의 선물을 받고 싶은 여자

아이들에겐 계모 같은 엄마로
남편에겐 마귀 같은 악처로
억척스럽고 강한 척 해보지만
꽃피는 봄날엔
사춘기 소녀의 마음이 되어
어딘가 기약 없이 떠나고 싶고
비가 내리는 날이면
괜히 센티해진 마음으로
블랙커피 한 잔에 추억하고 싶은
당신의 아내도 여자랍니다

모닝커피를 마시는 아내

언제부턴가
다이어트 한다는 이유로
아침에 커피 한 잔이 전부라
말 한마디 못하는 남편은
무슨 죄이런가

밤새 내린 이슬 두 방울에
눈부시게 고운 햇살 한 스푼을 넣고
새들의 합창이 걸린 창가에 앉아
진한 커피 향에 푹 빠진 그녀

젊었을 땐
남편 건강 챙기느라
아이들마저 뒷전으로 미루더니만
나이 들고 늙어지니까
이도저도 다 귀찮은 건가
조금은 소홀해진 듯싶어
농담처럼 서운한 맘 건네면
숨 쉴 틈도 주지 않고 곧장
돌아오는 건

아내의 뼈있는 말 한마디
“그러게 젊었을 때 잘 하지”

오늘도 그녀는
커다란 머그잔에
모닝커피 한 잔을 타서 들고
해맑은 아침 햇살과 마주앉는다

아내의 일기

아침에 눈을 뜨는 그 순간부터
집안일과의 전쟁이 시작된다

저녁에 가장 늦게 잠들고
채 피로가 풀리지도 않은 몸으로
누구보다 먼저 일어나
남편을 출근 시키고
아이들 깨워 학교 보내고 돌아서면
뒷정리에 밀린 집안 청소까지
어느새 반나절이
훅 지나가고
차 한 잔 마시면서
가까운 친구와의 전화 통화를 하며
이런 저런 수다로
여유로울 수 있는 시간도 잠시
학교 갔다 돌아온 아이 챙기고
피곤한 몸으로 돌아오는 남편을 위해
사랑과 정성으로 저녁 식탁을 준비하며
그렇게 반복되는 일상에서
쌓이는 건 스트레스와 피로

느는 건 수다와 무거운 뱃살뿐
어떤 대가도 보상도 없이
주어진 의무인 듯 여기며 사는 삶
오늘도 아내는
해도 해도 끝이 보이지 않는
집안 살림이란 적과의 전쟁을 한다

아내의 외출

아내가 외출을 한다
틀에 박힌 일상에서 벗어나
혼자만의 여유로운 시간이
얼마나 그리웠을까

다람쥐 쳇바퀴 돌 듯
언제나 똑같은 집안 살림에
몸도 마음도 지쳐있을 아내가
자유의 몸이 되었다

평소에는 잘 하지 않던 화장에
특별한 날에만 입으려고
장롱 깊숙이 넣어 두었던
아끼고 아낀 옷 한 벌을 꺼내 입고
마냥 즐거워하는 아내

오랜만의 외출에
다소 흥분이 되는 듯
외출하는 아내의 뒷모습에
종종걸음으로 따라가는 행복이 보인다

아내의 잔소리

아침에 눈을 뜨는 순간부터
아내의 잔소리는 시작된다
청량한 울음으로
아침 창문을 여는 새들처럼
언제나 변함없이
시원하게 흐르는 개울물처럼
바람이 지나는 길목에 선
나뭇잎 흔들리는 소리처럼
잔잔하게 귓전을 맴돌고 있다
어제도
오늘도
또
내일도
추녀 끝에 매달린 낙숫물 같이
한 치의 오차 없는 리듬으로 들려오는
아내의 잔소리가
이제는 지겨울 만 한데
정겹다
사랑스럽다
아내의 잔소리를 듣지 않으면
뭔가를 잊어버린 것처럼 허전하다

아내와 쇼핑하는 날

모처럼 쉬는 날
아내가 쇼핑 가자고 한다

쉬고 싶고
모자란 잠도 자고 싶지만
귀찮다는 내색도 하지 못하고
목줄 맨 강아지처럼
아내 손에 이끌리 듯 따라나선다

오랜만의 외출이라
아내는 큰맘 먹고 나왔나 보다

이곳저곳 돌아다니면서
구경도 하고 만져보기도 하면서
흐뭇한 미소를 지으며
할일 없는 아줌마 마냥 여유롭다

벌써 몇 시간째
지쳐 있는 나는 안중에도 없는지
같은 자리를 돌고 또 돌고

슬슬 짜증이 올라오지만
내 말엔 대꾸조차 하지 않는다

저렇게 즐거울까
저리도 행복할까
몇 시간을 돌아다니고
정작 손에 들고 나오는 건
작은 쇼핑백 하나가 전부지만
행복해하는 아내를 보면서
덩달아 기분은 좋다

아줌마

사람들은 그녀를 아줌마라 부른다
한 남자의 아내로 살면서
이름마저 잃어버린 그녀
그녀에게서 중년의 향기가 난다

세월과 맞바꾼 청춘
늙기도 서러운 중년이 되니
이마에 난 인생의 깊은 강이
처녀 때 수줍음 많고 다소곳하던
그 모습을 삼켜 버린 지 오래

억척스럽고 털털하게 변한 그녀를
사람들은 아줌마라고 부른다

어머니

개똥밭에 굴러도
저승보다 이승이 좋다는데
뭐가 그리도 급하셔서
개똥밭보다 못하다는 곳으로
서둘러 가셨나요

수없이 많은 날
하루 세 번 꼬박꼬박 챙기던 약이
오히려 독이 되어 뼈마디를 삭이고
새까맣게 속을 태워도
한 끼 식사량보다 더 많은 약으로
잠시지만 고통은 잊을 수 있었을 테지요

친구 같은 아내

같은 날 태어난 것도
같은 환경 속에서 자란 것도 아닌데
홀로 걸어온 길보다
함께 걸어갈 길이 더 길다
가끔은 다투기도 하고
서로를 숙상하게 했던 날들은
종잇조각처럼
꼬깃꼬깃 구겨 던져 버리고
남아있는 날들을 그려본다
어제보다 오늘이
오늘보다 내일
더 많이 웃고
웃은 만큼 행복해할 모습을…

나는 내 아내를 사랑하지 않는다

처녀 때 날씬하고 세련된 모습의 아내를
나는 사랑하지 않는다
가난에 찌들고 삶에 휘둘리고
무뎌지고 단단해져
허공으로 날아간 꿈
남은 거라곤 바람 빠진 풍선처럼
주름 잡힌 얼굴에 병든 몸
무릎이 어른 주먹 크기로 불쑥 솟아오른
트레이닝바지가 평상복이 되고 잠옷이 되고
양푼에 밥을 비벼먹고
아무렇게나 잠을 자고
어쩌다 외출이라도 하는 날이면
곱게 화장을 하는 게 아니라
세월 나이를 감추기 위해 변장을 하는 아내
처녀 때 예쁘고 세련된 모습이라곤 찾아볼 수 없는
그런 내 아내를 나는 사랑한다

아내와 여행을

중천에 뜬 해는
하얗게 불태운 지난날을 들쳐 메고
서쪽하늘을 바라보고 있는데
잠시 바쁜 일손 훌훌 털어버리고
한나절쯤 남은 여행길에 올랐다

어디를 가나
같은 생각 같은 마음으로
대문 밖을 나온 사람들의 행렬이
바람에 몸을 맡긴 연줄처럼
그 끝도 보이지 않는 틈에 끼여
어렵사리 다다른 그곳엔
온통 낯선 얼굴들로 북적거린다

바쁘다는 핑계로
앞뒤 돌아볼 여유조차 가질 수 없이
그렇게 살아온 지난 세월
이제야 한숨 돌려 돌아보면
나 혼자 저 만치 뒤에 서 있었다
〈

조금은 부족하고
조금은 모자란 듯해도
둘이 함께 가야할 여행길
험난하고 힘든 길이 닥칠지라도
서로를 소중하게 생각하고
기대고 나란히 걸어갑시다
반나절 남은 여행을…

아내의 이름

세상 그 어느 것 하나
이름 없는 게 없는데
아내는 그 흔한 이름 하나 없다
예쁘고 건강하게 자라라고
부모님이 지어주신 이름도
한 남자를 만난 후론
그 마저도 잃어버렸다
아무개의 아내
누구누구의 엄마로 사는 것이
당연시 되었다고 할까
어쩌다 불러주는 이름이
남의 이름처럼 낯설게 느껴질 만큼
누구의 아내
누구의 엄마가 더 익숙해진
아내는 이름이 없다

내 사랑에는 유효기간이 없다

내 사랑에는 유효기간이 없다

사랑의 유효기간은
사랑하다 헤어진 다음날이 아니다

사랑하는 마음이 변하여
시들해질 때도 아니다

사랑에는 유효기간이 없다

사랑하며 살다가
사랑하는 두 사람을
죽음이 갈라놓는다 해서
사랑의 유효기간이
거기서 끝나는 것도 아니다

이렇게 사랑하며 살다가
나 먼저 죽어
다음 세상에 태어난다면
꼭 당신을 만나고 싶은 것도
사랑의 유효기간이
그때까지도 남아있기 때문이다

〈

부족하지도 넘치지도 않게
지금처럼 사랑하고 싶은 당신

내 사랑에는 유효기간이 없다

그리움이다

오솔길
낙엽 밟는 소리에
팔딱거리던 심장이
깜짝 놀라
그대로 멈추고
창문 너머로 스쳐가는
바람소리에
숨이 막혀온다

그대는 그리움이다

그대 가슴에 그리움으로 남으리

나, 그대 가슴 한켠에
그리움으로 남으려네

그대 외로움에
가만히 눈을 뜨고

그대 쓸쓸함에
바람으로 일렁이며

그대 슬픔에 빗물처럼 배어나는
그리움으로 남으리다

당신의 마음을 훔치러 갑니다

오늘밤
당신의 마음을 훔치기 위해
먼 길을 떠납니다

당신의 집 창가를 서성이며
호시탐탐 기회를 엿보다가
당신이 한눈을 팔고 있을 때
거침없이 당신 마음을 훔쳐낼 겁니다

마음을 놓지 마십시오
언제 당신의 마음을 훔쳐내어
사랑의 깊은 수렁으로 밀어 넣고
헤어날 수 없게 할지 모르니까요

당신의 마음을 훔쳐내면
멀리 달아나지 못하도록
사랑의 끈으로 꽁꽁 얽어매고
끊이지 않는 사랑 고문에
행복한 비명을 지르게 할 겁니다

나 오늘 밤에는
사랑의 도둑이 되어
기필코
당신의 마음을 훔쳐내고 말겠습니다

중년이라고 사랑을 하면 안 됩니까

세월의 절반을 돌렸다고
인생의 절반을 숨겼다고
사랑을 하면 안 되는 겁니까

중년의 나이라 하지만
가슴속엔 뜨거운 열정이 있어
마음은 언제나 청춘인 것을
왜 중년은 사랑을 하면 안 됩니까

때로는 콧날이 시큰 거리도록
목젖을 타고 오르는 그리움이 있고
가끔은 가슴이 미어지도록
그대를 안고 싶을 때도 있는데

가슴 뛰는 설렘이나
온몸이 찌릿하도록 느끼는 전율에
콩닥이는 심장은 덜할지는 몰라도
아직도 뜨거운 가슴이 남아있는데

아름다운 그대에게

세상에서 가장 듣기 좋은 말로
가장 부드러운 목소리로
사랑한단 말을 들려주고 싶은데

노을 속에 감춰진 세월보다
남아있는 세월이 더 많고
주름 속에 숨겨진 삶보다
펼쳐놓은 삶이 더 긴데

마음 나눌 수 있는 사랑
정신적인 사랑을 하고픈 중년
사라진 건 내가 아닌 세월인데
숨겨진 건 내가 아닌 인생인데
누가 중년의 사랑을 불륜이라 했던가…

사랑 · 3

나는
네 안에서
햇볕도 들지 않는
동굴 속 깊은 곳에서
종유석이 자라는 속도만큼
천천히
아주 천천히
너를 닮아가고 있다

너는
내 안에서
바람에 날리고
빗물에 씻겨내려
바윗돌이 깎이는 속도만큼
조금씩
아주 조금씩
심장을 갉아먹고 있다

천년의 세월이
물같이 흐르고 난 뒤에야

비로소
알게 될 존재
서서히 다가올 아픔

영혼이 하늘에 닿을 때쯤
느낄 수 있는 행복
바로 그것…

아침 햇살

눈부신 아침 햇살이
창에 부딪혀
쨍그랑 하고 깨어지는 소리
청아함으로 들려온다

모두들
잠에서 깨어나
기지개를 활짝 펴고
상쾌한 아침을 맞이하라고

저마다
꿈에서 깨어나
이상의 나래를 펼쳐 보라고

아침이 오는 소리에
가만히 눈뜨면
부서지는 햇살 사이로
새들이 놀라 퍼득거린다

입 · 2

그 속에 세치 혀를 감추고
천사도 되고
악마도 되곤 하지
상대방을 칭찬할 땐
천사요
상대방을 험담할 땐
악마가 따로 없고
남을 비방하고 욕설을 퍼부을 땐
망우통보다 더 더럽더라

그래서 우리는 바다로 간다

나는 바다를 좋아한다

그래서
가슴이 답답할 때
그곳에 가면
다 털어버릴 수 있기에
나는 바다를 찾는다

내가 힘들고 지칠 때
그곳에 가면
모든 것을 씻어낼 수 있어
마음이 편안해진다

그대도 바다를 좋아한다

늘 바다를 그리워하며
가슴에 품고 사는 그대

파도 소리만 들어도
가슴이 찌릿해져

눈물을 담고 사는 그대

그래서 바다를 좋아하는 그대를
나는 사랑한다

내가 좋아 하는 바다
그대가 좋아하는 바다
그곳에 가면
기쁨이 있고 사랑이 있다

그래서 우리는 바다로 간다

바보는 바보를 사랑한다

오로지 하나밖에 모르는 바보
그런 바보를 사랑하는
또 다른 바보
바보는 바보를 사랑한다

9월에 떠난 사람

가을볕에 미소 짓는
코스모스 길 따라
다시 오지 못할 곳으로
당신은 가셨습니다

스물여섯 해 동안
꼬리처럼 달고 살았던 아픔
홀가분하게 내려놓고
당신은 그렇게 가셨습니다

살가운 갈바람 앞에
거치래 옷 훌훌 벗어놓으시고
바람이 숭숭
쉴 새 없이 들락거리는
삼베자락 달랑 걸치고

그것도
억수같이 비가 내리던 날에

내 어머니의 어머니가 그랬듯이

그 옛날
내 어머니의 어머니가 그랬듯이
어머니는 당신의 어머니를 닮았고
나 또한 내 어머니를 닮고 있다

괜한 조바심에 안절부절 못하고
활짝 열려있는 싸리대문으로
장에 갔다 돌아오실 아버지의
흔들리는 발자국소리 들릴까
수없이 삽짝거리를 들락날락하면서
젊은 날을 잃어버려도 몰랐으리라

품안에 자식이라고 했던가
언제까지
옆에 끼고 살 수 있을 것 같던 자식
품을 떠나 멀리서 살고 있어
한동안 보지 못한 당신의 아들딸을
부모 된 죄인처럼 노심초사 기다리며
청춘이 지는 줄도 몰랐으리라

내 어머니의 어머니가 그리했듯이
어머니 당신께서 그러하셨고
지금의 나 또한 그리 닮고 있음을…

그리움 · 4

둥그렇게 똬리를 틀고 앉아
호시탐탐 먹잇감을 노려보는
배암처럼

가슴 한켠 차고 앉아
언제든 뛰쳐나올 자세로
기회만 엿보고 있는 그리움

햇살 좋은 날
젖은 빨래 널어 말리듯
바지랑대 끝에 매달아
해묵은 먼지 털어내듯
툭툭 털어버리고 싶은 것을…

그리움 · 5

명치끝에 똬리를 틀고
질펀하게 가슴을 적시다가
봇물 터지듯
문득문득 역류하는
그것

가을이면 생각나는 사람

가을비가 내리는 날이면
생각나는 한 사람이 있습니다

안개 자욱한 어느 날에
그렇게 가버린 당신을
나는 잊을 수가 없습니다

마지막 가는 길에
손 한번 잡아주지 못한
아쉬움의 죄인이 되어
늘 가슴속 응어리로 남아
가을이면 더욱더
그립고 보고 싶은 사람입니다

그렇게도 꽃을 좋아하시더니
뭐가 그리도 급해서
꽃피는 봄까지 기다리지 못하고
낙엽 지는 쓸쓸한 가을에
홀연히 떠나야만 했는지요

그렇게 가버린 후론
꿈길에도 한번 오시지 않지만
미워할 수 없는 사람
내가 힘들고 지쳐있을 때
늘 버팀목이 되어주던 사람

이제는 보고파도 볼 수가 없고
그 모습마저 희미해져
잘 기억나지 않아
마음으로만 그리워할 수밖에

가을아! 너는 아니?

가을아!
너 그거 아니?

너로 하여
많은 사람들이
그리움을 앓고 있다는 걸

너로 하여
나도 그들처럼
외로움에 젖고 있다는 걸

너를 보고 있으면
눈이 아파서
어쩔 줄 몰라 한다는 걸

네가 가까이 올수록
시려오는 가슴속에선
찬바람이 분다는 것을

네가 오는 길목에

그리움이 마중하고 있음을
너는 알고 있니

가을아!
너는 왜!
외로움을 안고 쓸쓸히 와서
그리움을 남기는 거니

가을아!
너는 알고 있겠지?
너로 인해 이 가을
많은 사람들이
가을앓이를 한다는 걸…

당신 말고 또 없을 겁니다

마음 아파서
어쩌지 못하면서도
가을을 기다리는
바보 같은 사람
당신 말고 또 없을 겁니다

가로등 불빛에
모여드는 불나방처럼
밤잠을 못 이루고
빈 가슴을 부둥켜안고
꺽꺽 울지도 모를 당신

가슴속에 타오르는
뜨거운 열정
애써 감추려고 하는
바보 같은 사람
당신 말고 또 없을 겁니다

비가 내린다

가슴에서 하늘로 비가 내린다
이렇게 가을비가 오는 날에는
가슴에 그리움 하나 접어놓고
그 누군가와 마주앉아
따뜻한 온기가 전해지는 차 한 잔을
시린 가슴에 담고 싶다

가을 그리움

가을이 발밑에 떨어졌다
벌레가 먹다버린
한쪽 가슴이 없는 가을이다
가을이 그리움을 부른다
바람이 가는 길을 만든
가슴 뻥 뚫린 가을이다

가을

하늘이 익는다
끈적이던 뙤약볕도
저기 강 속에서
한결 부드럽게 흐르고

쑥부쟁이 흐드러지게 핀
산과 들에서
혹은 감나무 정수리에서
말랑말랑 잘 익고 있다

바람 · 4

밤새
쇳소리를 내며
여기저기
휘젓고 다니면서
집어던지고 부수고
난리도 아니던데
댁에
뭔 일 있소?

쪽박새

쪽박 바꿔줘
쪽박 바꿔줘
쪽박이
너무 작아서
늘 배고픈 새
그릇이 작아서
슬픈가 보다

가을을 줍는 사람들

맑고 드높은
가을 하늘
그 아래
낭만을 줍는 사람들
곱고 투명한
가을 햇살
그 옆에
가슴 시린 사람들
가슴에
비가 내리면
추억을 밟는
쓸쓸한 발자국소리
가을을 줍는 사람들이다

워낭소리

늙은 소가 밭을 갈고
늙은 소를 위해 꼴을 베고
친구처럼 연인처럼 평생을 함께 살며
쟁기질로 일궈놓은 땅에
발이 되어주고 말벗이 되어주던
늙은 소를 묻은 지 오래
늙은 소가 끌어주던 달구지소리도
커다란 눈망울을 껌벅거리며
집으로 가는 어스름 길에
말벗이 되어주던 워낭소리도
이제는 들리지 않지만
어린 시절 고향집이 그리워서
어머니 아버지의 추억을 찾아서
봉화면 하눌리 최씨 노인 가슴속에는
늙은 소의 워낭소리 끊이지 않겠지

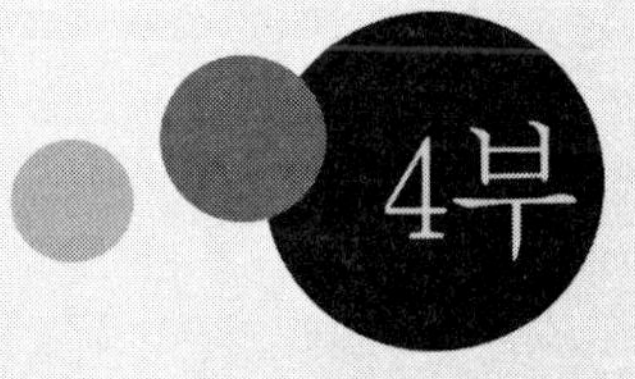

4부

그리움의 꽃

그리움의 꽃

한 줄기 햇살이 머문
들에서만 피는 줄 알았다

세찬 비바람을 피해
숲에서만 피는 줄 알았다

나무 한 그루 풀 한 포기 자랄 수 없는
황량한 벌판 같은 가슴속에
아무도 모르게
살짝 뿌려놓은 핑크빛 씨앗 하나

남몰래 숨어서
회색빛 소금덩이 한 입 물고
그리움의 꽃 한 송이
초연히 피어나는 줄 몰랐다

입맞춤

터질듯 말듯
꽃망울 유혹에 빠진
벌 나비의 구애인 듯
입술과 입술이
살포시 포개질 때
달콤하고 짜릿한 만남
죽음이 내린
이슬방울의 선율처럼
혀와 혀의
부드럽고 은밀한 접촉

그해 겨울은 따뜻했네

살갗을 쥐어뜯는 칼바람에
사시나무 떨듯 울어대던 문풍지도
갈기갈기 찢겨져 나가고
추녀 끝에 거꾸로 매달린 고드름이
기둥을 받쳐 든 주춧돌을
마구 쪼아대던 그해 겨울도
마음만은 따뜻했었네

무릎을 덮을 만큼 쌓아올린
그 많은 눈 무게를 못 이겨
등 굽은 청솔가지는
꽁꽁 언 땅에 코를 처박고
힘겨운 사투를 벌이던 그해 겨울은
유난히도 춥고 길었지만
가슴속은 훈풍이 불어 따뜻했었지

세월의 두께를 덮어쓴
울타리 넘어 고목나무를 지나
골 깊은 계곡 바위틈을 흘러나온
청아한 물소리 하늘에 닿으면

놀란 토끼 눈을 하고
물웅덩이 속으로 뛰어들던 햇살이
살얼음에 갇혀버리던
그해 겨울은 참 따뜻했었네

가을엔 보내지 않겠습니다

갈대밭을 끌어안은 안개 속
서걱이는 바람소리마저
외면하듯 돌아눕는 가을엔
보내지 않겠습니다

달빛 커튼이 처진 창 너머
풀벌레 울음소리에도
보고파 가슴 저미는 가을엔
보내지 않겠습니다

억새꽃 하얗게 흩날리고
떨어지는 낙엽만 봐도
닭똥 같은 눈물 떨어지는 가을엔
보내지 않겠습니다

가랑잎 굴러가는 거리에서
그대 뒷모습에 눈을 때지 못하는
아쉬움을 남기고 싶지 않아
가을에는 보내지 않겠습니다

가을에는 아니 보내겠습니다
하늘을 가린 낙엽 타는 냄새에
깨알 같던 그리움이 자라고
밤새내린 이슬방울이
발목을 움켜잡는 이 가을에는…

마흔 다섯의 가을

선홍빛 계절의 유혹
차마 뿌리칠 수 없어
가을로 걸어 들어가
빨갛게 달아오른 너를
벌거숭이로 맞으며
마흔 다섯의 실루엣을 만든다

하얀 안개 움켜잡고
바람을 부르는 갈대밭 길을
소리 나지 않게 걷노라면
밤새 울어 맺힌 눈물
소맷자락 붙잡고 매달려
가을로 가는 걸음을 재촉한다

내 마음의 꽃

이 세상에 한 송이밖에 없는
그래서 더욱 아름답고 소중한 꽃

내가 기쁠 땐 기쁨으로
내가 슬플 땐 슬픔으로
그대 보고픔이 자라면
그리움으로 피어나는 꽃

세상에서 가장 아름다운 꽃
이 세상에
딱 한 송이 밖에 없는
내 마음의 꽃

첫 Kiss

1.
세상 그 어떤 노랫소리가
그대 목소리처럼 감미로울까

세상 그 어떤 아름다움이
그대 입술처럼 섹시할까

천둥소리보다 더 큰 소리로
심장은 뛰었고
고삐 풀린 망아지처럼
맥박은 팔딱거린다

2.
꿈을 꾼들
이보다 더 황홀할 수 있을까

구름 위를 걷고
하늘을 나는 기분이란 게
바로 이런 것일까

여름날 태풍보다 거칠게
몰아쉬는 숨소리
선홍빛 그대 입술 위에
용광로보다 더 뜨거운
가슴 하나를 얹는다

바로 당신

내 사랑은
어쩌면
그냥
지나쳐 갈 수 있는
바로 당신,

당신이
내 사랑입니다

바보야! 보고 싶다

바보야!
아직도 네 목소리
내 귓전에
메아리로 들리는데

바보야!
여전히 네 모습은
내 눈앞에
그림자처럼 서 있는데

바보야!
달콤한 너의 입술
그 향기는
지금도 남아있는데

너는 지금
어디서 무얼 하고 있니?

이 바보야!
네가 보고 싶단 말이야
너를 사랑한단 말이다

주머니 속에 담긴 사랑

내 주머니 속에
당신을 넣고
그립고 보고 싶을 때
가끔씩 꺼내어본다

내 주머니 속에
사랑을 넣고
힘들고 지쳐있는 날에
손을 넣어 만져본다

내 주머니 속에
행복을 넣고
우울하고 가슴 답답할 때
꺼내어 펼쳐놓는다

내 주머니 속에 넣어둔
당신의 사랑을
매일 밤 살포시 꺼내어본다

노루 꼬리만 한 하루

가을날 하루해가
얼마나 짧았으면
노루 꼬리만 하다고 했을까
오늘도
그 노루 꼬리만큼이나 짧은
가을날의 하루해가
산 너머로 기울고 있다

바람난 연

무엇 때문에
무슨 이유에서
제 살던 집을 뛰쳐나와
어느 이름 모를
여인네의 손에 이끌려
낯선 곳을 배회할까
이유야 어찌됐든
핑계 또한 많겠지만
어쩌면 좋아
바람난 저 연을…

그대라는 꽃

황무지 같은 가슴
그 작은 화병에
마르지 않는 생명수를 담고
영원히 지지 않는
꽃 한 송이를 꽂았다

내 마음의 꽃
나만의 향기로
영혼을 깨우는 꽃

내가 세상에서 가장 좋아하는
"그대"라는 꽃을…

탐욕(貪慾)

언을 것도 잃을 것도 없는 이 세상에서
아옹다옹 다투며 살아가는 속물들아
찌들린 이 世俗에서 무엇을 찾으려느냐

소금인형

생각만으로
내 가슴 안에서 커가는
그대 향한 그리움

마음만으로
내 안에서 자라나는
그대를 향한 사랑

오랜 기다림으로
뜨겁게 달궈진 가슴에
그리움은 쌓여가고

오랜 보고픔으로
촉촉이 젖어드는 마음은
차갑게 굳어버린
소금인형이 되었다

바다 · 1

하늘과 이마를 맞대고 누운
검푸른 바다
그 흐르는 소리조차
들리지 않는다

노을이 발을 담그니
붉은 빛으로 물들어
불어오는 바람 속에서
은빛 미소를 짓는다

바다 · 2

바다가 좋다

그래서 바다로 가서
쓰러지고 싶다

파도 소리를 듣다 지치면
그대로
꿈속이라도 가고 싶다

가슴이 알싸해지는 바다
초록물결 일렁이는
바다를 한 몸에 안고 싶다

저 드넓은
바다에 안기고 싶다

내 마음의 바다

내 마음의 바다엔
언제나 살아 움직이는
그리움이 있다

내 마음의 바다엔
가슴을 아리게 하는
보고픔이 있다

햇살 뜨거운 여름도
바람이 살을 에는 겨울날도
심장을 뜨겁게 달구는
그대가 있다

내 마음의 바다엔…

그리움의 바다 · 1

노을빛에 길게 누운 그림자는
아무런 미동도 하지 않고
숨소리조차 들리지 않는다

지난날 그대와 함께 찾던 바다
지금은 기억 속에 잠들어
아무런 소리도 내지 못하고
검은 바다위에 그려지는
그대의 해맑은 모습
그대의 환한 미소는 그대로 인데
노을빛을 삼켜버린 저 바다는
하얀 그리움 되어
내 가슴 속으로 파고든다

짙은 어둠 속에서
하얗게
하얗게

누드

울타리 넘어 고목이
찬바람을 견디지 못해
옷을 벗어버렸다

태양이 뜨겁던 여름날
오가는 나그네 쉬어가라고
꽃그늘을 하고
무더위를 막아주던 너

세찬 비바람에
갈가리 찢겨버린
겉치레를 벗어던지고
벌거벗은 모습으로
거기 그렇게 서 있는 너

이 추운 겨울
어찌 견뎌 내려고
살을 에는 바람
어찌 참아 내려고

꽃 피고 새가 울면
곱게 분단장하고
고운님 반겨 맞으려
별거숭이가 되었나

누드 · 2

신이 만든 최초의 조각상에
가식으로 감추려는
거치래 옷은 필요 없다
허물 벗듯 다 벗어던지고
자연으로 돌아가기 위한 몸짓
·
·
·
·
예술이다

그리움의 바다 · 2

그대 그리운 날에는
바다로 간다

비릿한 바람이 안고 오는
파도소리를 듣고 있으며
여운처럼 남아있는
그대 숨결 들리는 것 같아
지긋이 눈 가리고
바다를 향해 귀를 연다

그대 보고픈 날에는
치켜 세운 손톱으로
애꿎은 하늘만 할퀴고 있는
바다로 간다

그대 향기를 맡으러…

행복

행복은
먼 곳에 있는 것이 아니라
우리들 가슴속에
늘 함께 있는 것이다

그러나
사람들은 먼 곳에서
행복을 찾으려
고갯짓을 하고 있음이다

가장 가까운 곳을 볼 수 없어
항상
우리 곁에 맴돌고 있는 행복을
보지를 못할 뿐인 거다

잡으려 해도 잡히지 않고
그렇다고 보이지도 않는 그를
찾아가는 어리석은 인간들

행복은

먼 곳에 있는 것이 아니라
가장 가까운 우리의 마음속에
늘 함께하고 있는 것을
다만 볼 수가 없을 뿐이다

그놈이 그놈

샘에서 갓 길러왔을 때는
맑고 깨끗한 물이였다

아무도 지나간 흔적 없는
새하얀 눈길에
조심스럽게 첫 발을 내딛는다는 것은
설렘이었다

어쩌나
하얀 눈밭에
시뻘건 흙탕물이 튕기니
얼룩무늬가 되고
맑고 깨끗한 물도
더러운 구정물 통에 담으니
썩은 냄새가 나는 것을…

유년의 영상 재현과 아가페적 사랑의 세레나데

–김 순 진(문학평론가 · 고려대 평생교육원 교수)

작품해설

유년의 영상 재현과 아가페적 사랑의 세레나데

김 순 진(문학평론가 · 고려대 평생교육원 교수)

드디어 이재업 시인이 시집을 낸다. 등단한지 무려 20여 년 만에 내는 첫 시집이다. 그동안 영월문협 동강문학회 사무국장과 주천강문학회 회장 등을 맡아 열심히 문학활동을 해오면서도 시골사람에게 시집을 내는 것은 사치처럼 여겨졌을 것 같다. 이재업 시인과 나는 형제처럼 지내는 사이다. 물론 서로 형 동생이라 부르지는 않지만 서로가 잘 되기를 바라며 한 해에도 몇 번씩 만나 문학행사를 하고 회포를 풀기 시작한 지가 벌써 20여 년의 세월이 되었다. 이재업 시인과의 인연은 대략 20여 년 전 내가 영월에서 열리는 김삿갓문화제에 참석하면서부터다. 그 이후 주천강문학회가 창립되어 13년 째 〈주천강문학〉이란 동인지를 발간하고 있고, 주천연꽃문화제란 이름으로 시화전을 열면서 사화집을 발간하고 있다. 그 일을 나와 함께 해오고 있는 것이다. 그러니 지난 20여 년 동안 이재업 시인과의 만남은 내 친형제들만큼 자주 만났다고 해도 과언이 아니다.

내가 만나본 이재업 시인을 말한다면 첫째, 그는 긍정적인 사람이다. 조바심 내지 않고 상황을 탓하지 않으며 있으면 있는 대로, 없으면 없는 대로, 많으면 많은 대로, 적으면 적은 대로 그 상황에 맞춰 일을 처리하는 사람이었다. 작거나 적은 것, 부족하거나 모자라는 것에 대하여 절대로 조바심 내지 않으며 기죽지 않는 사람이었다. "그러지요 뭐, 그렇게 하지요 뭐." 그것이 이재업 시인이 내게 던진 말이다. 사람이 없으면 없는 대로 원고량이 모자라면 모자란 대로, 기간이 늦어지면 늦어지는 대로 상황에 맞춰 포기하지 않고 결국 그 일을 해내고 마는 성품에서 나는 많이 배운다.

두 번째로 이재업 시인은 정이 많은 사람이었다. 가끔 그가 가꾼 토마토나 배추를 차에 얹어주며, 옥수수를 보내주며 형제의 정을 나눠주던 그 가족 같은 손길은 지금도 잊을 수가 없다. "자고 가요. 놀러 와요. 휴가에 한 번 다녀가요." 그렇게 말하는 이재업 시인에게 나는 늘 고향의 동생을 만난 듯 고마움을 느꼈다.

세 번째로 이재업 시인은 문학에 대한 열정이 많은 사람이었다. 그렇게 피곤하고 힘든 농사일에도 영월문협 동강문학회의 사무국장을 맡아 일을 해오거나 주천강문학회 회장을 맡아 자기의 일을 묵묵히 해내는 그 밑바닥에는 문학에 대한 열정 없이는 그렇게 할 수 없다는 것을 나는 안다. 게다가 이번에 그의 시집을 내느라고 그가 운영하고 있는 '하늘과 별 그리고…'란 카페와 '주천강문학회' 카페, '영월문협 동강문학회' 카페, 그리고 '시섬문인협회' 카페 등에 들어가 그의 이름을 검색해보니 수백여 편의 좋은 시들이 저장되어 있었다. 그 중에서 이번의 시집은 그동안 가슴으로 사무쳤던 사랑과 추억에 관한 시집으로 출간을 하고, 다음에는 영월에 대한 시집을 출간한다고 한다.

그렇게 오래도록 시를 써오면서도 이제야 첫 시집을 출간한 것은 마땅히 자랑하거나 시집을 건네줄 대상이 없어서 그랬던 것이 아니었나 싶다. 이제라도 시집을 내는 이재업 시인은 문학도 무르익어가고 있으며, 세상을 대하는 마음이 너그럽고 넓어졌다는 증거라 할 수 있다.

그럼 이쯤에서 이재업 시인의 시 몇 수를 읽어보면서 그의 문학세계를 여행해보자.

그땐 그랬지
노는데 정신이 팔려
해가 지는 줄도 몰랐지
풀섶 아무데나 던져놓은
누런 양은도시락 속엔
반찬냄새를 맡고 침투한
좁쌀만큼이나 작고 까만 녀석
대여섯 놈이
말라붙은 밥알 하나를 놓고
실랑이를 벌이고 있었지
요런,
맹랑한 녀석들 같으니라고…

- 「양은도시락 속의 개미」 전문

지금은 아이들이 학교에 도시락을 싸가지고 가는 일이 없다. 그런데 몇 십 년 전만 해도 누구든 도시락을 싸가지고 학교에 다녔다. 조금 더 거슬러 올라가면 책보자기를 싸가지고 다니던 시절도 있었다. 양은도시락을 책보자기에 책과 함께 둘둘 말아 어깨에 둘러메면 등허리가 뜨끈하던 시절이 있었다. 도시락 속에 넣은 김칫국물이 흘러 책을 벌겋게 적시고 등짝에 흘러내리면 옷마저 벌겋게 적셔지던 시절이 있었다. 빈 양은도시락 속에 넣은 숟가락 젓가락이 서로 부딪쳐 달그락거리는 가방을 어깨에 메고 다니던 시절이 있었다. 오후까지 수업을 하리라 생각하고 도시락을 챙겨 학교에 가서 모처럼 일찍 보내주는 날이면 우리들은 환호성을 질렀다. 그런 날이면 하굣길에 삼삼오오 산소모퉁이에 앉아 도시락을 까먹고 총싸움 칼싸움이나 씨름과 닭싸움을 하기도 했다. 이재업 시인의 말처럼 "노는데 정신이 팔려 해가 지는 줄도 몰랐"고, 한바탕 놀이판이 끝나고 "풀섶 아무데나 던져놓은 / 누런 양은도시락 속엔 / 반찬냄새를 맡고 침투한 / 좁쌀만큼이나 작고 까만 녀석" 개미들이 들어가 "말라붙은 밥알 하나를 놓고 / 실랑이를 벌이고 있었"다. 해가질 때까지 강가에서 놀다가 배가 고프면 옥수숫대를 꺾어 먹다 입에서 피가 나고, 혓바닥이 까맣도록 오디를 따먹고, 그것도 철이 지나 없어지면 돼지감자나 바위나리까지 캐서 먹던 그 시절……. 돌이켜보면 모두들 가난했지만 행복했던 시절이었다. 빈 양은도시락에 들어가 말라붙은 밥풀 한 알을 가지고 씨름하던 개미 대여섯 마리는 그 시절 산과 들을 삼삼오오 몰려다니며 새둥지를 찾고

싱아와 찔레를 꺾어먹던 까까머리 아이들과 오버랩된다.

분단장 곱게 하고
배시시 웃음 흘리는 저 연(蓮)아
날 유혹하지 마라

스치는 바람을 핑계로
연둣빛 짧은치마
살짝살짝 들춰대니
보일락 말락
남정네 가슴팍에 불을 당기는 저 연(蓮)

오매,
환장하겠네

- 「핑계 - 연꽃」 전문

이재업 시인은 현재 주천강문학회 회장이다. 지난 2012년에 창간된 주천강문학회는 강원도 영월군에 흐르는 주천강의 주변에서 활동하는 문인들로 이루어진 단체다. 주천강문학은 주천면을 비롯하여 무릉도원면, 한반도면에 거주하는 문인들의 작품발표의 장이며 이재업 시인은 김원식 창립회장을 비롯하여 김선영 2대회장에 이어 수년 째 3대 회장직을 맡고 있다. 〈주천강문학〉에는 영월문인협회는 물론 인근의 춘천문인협회, 인제문인협회, 평창문인협회, 태백문인협회 회원들이 단골로 참여한다. 그리고 〈스토리문학〉을 발행하는 필자와의 인연으로 한국스토리문인협회와

고려대 평생교육원 시창작과정, 은평문인협회 등이 자주 참여해왔다. 주천강문학회는 해마다 주천중학교 앞 연밭에서 연꽃이 만개하는 시기와 맞물려 주천연꽃문화제 시화전을 개최해왔다. 벌써 11번이나 개최되었는데 연인원 60여 명씩 참여해왔으니 무려 600여 명의 시인들이 참여한 셈인데, 그 많은 시인들의 원고를 받고 행사를 진행하는데 이 재업 시인은 회장으로 주도적 역할을 해왔던 것이다. 이 시 「핑계 - 연꽃」 역시 주천연꽃문화제 시화전에 출품했던 작품 중 하나로 시인은 중의법을 사용해 연과 여자를 함께 쓰고 있는 것이다. 아마도 그렇게 많은 연꽃시화전을 준비하느라 힘도 들고 욕도 나왔을 것 같다. 그렇지만 이 시는 여성을 비하하거나 조롱하는 시가 아니다. 이 시는 다양한 기법으로 통해 시의 재미추구를 위해 쓰여진 시로써 우리는 이를 중의법이라고 하기도 하며 동음이의어를 통한 묘사심상법이라 하기도 한다.

아내가 외출을 한다
틀에 박힌 일상에서 벗어나
혼자만의 여유로운 시간이
얼마나 그리웠을까

다람쥐 쳇바퀴 돌 듯
언제나 똑같은 집안 살림에
몸도 마음도 지쳐있을 아내가
자유의 몸이 되었다

평소에는 잘 하지 않던 화장에
특별한 날에만 입으려고
장롱 깊숙이 넣어 두었던
아끼고 아낀 옷 한 벌을 꺼내 입고
마냥 즐거워하는 아내

오랜만의 외출에
다소 흥분이 되는 듯
외출하는 아내의 뒷모습에
종종걸음으로 따라가는 행복이 보인다

- 「아내의 외출」 전문

이재업 시인은 여전히 싱글이다. 사람 좋고 능력이 있지만 시골로 시집오겠다는 신부는 그리 많지 않기 때문이다. 그래서 이재업 시인은 누구보다도 아내를 갈망한다. 얼마나 결혼하고 싶으면 아내에 관한 시를 그렇게 많이 썼을까? 한편으로는 안타깝고 한편으로는 그럼에도 이렇게 사랑에 대한 감정을 유지하는 것이 신기하기도 하다. 내 시골동생도 중국의 조선족 처녀와 결혼을 해 지금 아이 낳고 잘 살고 있다. 그동안 나는 이재업 시인을 바라보는 심정이 시골의 내 동생을 바라보는 심정이었다. 그런 그가 장가를 들어서 원만한 결혼생활을 해주기를 나는 진심으로 바랬고, 정말 그런다면 나는 그 누구보다 기쁠 것 같다. 어서 빨리 그가 천생연분의 배필을 만나 행복하게 잘 살아주기를 기도한다. 시골생활이라는 것이 눈 뜨면 일하고 해가

져야 잠자리에 드는 방식으로 매일이 똑같은 일상이라 너무나 힘든 생활이다. 게다가 대도시처럼 영화관이 있는 것도 아니고, 영월에 '라디오스타' 같은 좋은 휴양시설이 있다고는 하나 그 고장에서 생활하는 사람에게는 그림에 떡 같은 존재다. 그러니 외출하는 아내가 얼마나 홀가분할까? 얼마나 마음이 들뜰까? 안 하던 화장을 하고 옷을 골라 입는 아내의 모습을 힐끔힐끔 바라보는 남편 이재업 시인을 상상해본다. '그동안 일하느라 수고했다.'며 맛있는 것 사먹고 오라고 오만 원짜리 두어 장 건네면 더욱 신이 날 것 같다. 사람들은 사람이 사는 게 별 것이 아니라는 말을 한다. 그저 수고에 대하여 알아주고 미안해하고 응원해주면 되는 거다. 가끔의 외출에 대하여 "뭐 하러 나가느냐? 왜 나가느냐? 누구를 만나러 나가느냐?" 같은 참견보다는 "집 걱정 하지 말고 재미있게 놀고 와라. 굶거나 싸구려만 먹지 말고 맛있는 거 사먹어라. 저녁때 들어오기 힘들면 전화해라 데리러 가마." 같은 응원의 말을 해준다면 나가는 사람도 고맙고 보내는 사람도 든든해지고 두 사람 사이가 얼마나 돈독해지고 행복해질까? 아마도 이재업 시인의 마음은 후자일 것 같다. 그래서 '아내의 외출'에 대하여 이처럼 실감나게 시를 쓴 것이 아닌가 하는 생각이 든다. 조선족 처녀면 어떻고 필리핀 베트남 처녀면 어떤가? 사람이 혼자 산다는 것이 얼마나 외로운 일인가? 하루라도 빨리 배필을 만나 백년해로하며 오래오래 행복하길 기원한다.

나는 바다를 좋아한다

그래서 가슴이 답답할 때
그곳에 가면
다 털어버릴 수 있기에
나는 바다를 찾는다

내가 힘들고 지칠 때
그곳에 가면
모든 것을 씻어낼 수 있어
마음이 편안해진다

그대도 바다를 좋아한다

늘 바다를 그리워하며
가슴에 품고 사는 그대

파도소리만 들어도
가슴이 찌릿해져
눈물을 담고 사는 그대

그래서 바다를 좋아하는 그대를
나는 사랑한다

내가 좋아 하는 바다
그대가 좋아하는 바다
그곳에 가면
기쁨이 있고 사랑이 있다

그래서 우리는 바다로 간다

- 「그래서 우리는 바다로 간다」 전문

바다는 인간의 유토피아요 이데아다. 조물주께서 바다를 만들어주셔서 망정이지 만약에 우리 인간에게 바다가 없었더라면 어찌 되었을까? 생각만해도 몸서리쳐지는 일이다. 인간에게 바다는 그저 물이 많은 곳, 수평선이 있는 곳 끝없이 펼쳐진 곳, 배를 띄워 고기를 잡는 곳만의 대상은 아니다. 인간에게 있어 바다는 어머니의 양수와 같은 곳이다. 자애로운 어머니의 자궁 속에 자라나는 아이 같은 존재가 인간이고 자궁 같은 존재가 바다다. 이재업 시인은 바다를 좋아한다고 한다. 나 역시 바다를 좋아한다. 그런데 이 세상에 바다를 좋아하지 않는 사람도 있을까? 아마도 바닷가 마을에서 태어나 평생 물과 씨름을 한 사람이라도 바다는 싫지 않을 것이다. 그런데 우리 같이 내륙에서 태어나고 자란 사람들은 바다가 보고 싶은 소망은 마치 외국을 동경하는 것과 마찬가지다. 바닷가를 거니노라면 끊임없이 출렁대는 파도가 잠자고 있는 인간의 정신을 일깨워준다. 반짝이는 조약돌이 인간의 눈을 깨어나게 하고, 먼 바다로부터 불어오는 물비린내 나는 바람이 인간에게 꿈을 부추긴다. 세상은 모두 양면성을 가지고 있다. 남자가 있으면 여자가 있고, 해가 있으면 달이 있으며, 산이 있으면 바다가 있다. 앞서 열거한 남자, 해, 산은 남성의 이미지요 여자, 달, 바다는 여성의 이미지다. 중국 속담에 하늘의 반은 여자가 이고 있다는 말이 있다. 그 말은 남자와 여자에 국한하여 한 말이지만 다시 해석한다면 남성성의 나무와 여성성의 뿌리를 상징한다고도 할 수 있고 산과 바다를 상징한다고도 볼 수 있다. 지구는 육지보다는 바다가 훨씬 넓다.

바다는 우리 삶의 고향이다. 끊임없이 출렁이면서 스스로 자정하고 재생하는 바다는 사람들에게 애인이고 부모이고 스승이다. 우리는 바다를 생각할 때 포세이돈을 떠올린다. 포세이돈은 그리스 로마신화에 나오는 인물로 바다의 신이다. 포세이돈은 바다의 신으로 알려져 있지만 원래 땅의 주인이란 뜻을 가지고 있다. 포세이돈은 바다의 여신 암피트리테(Amphitrite)와 결혼을 함으로써 나중에 바다의 신으로 추앙받게 된다. 포세이돈의 청혼을 받은 암피트리테가 바다 밑 궁정으로 숨어버리자 돌고래들이 두 신들의 속마음을 연결해준다. 포세이돈은 고마움의 표시로 하늘에 돌고래자리를 만들어주고 자신의 심복으로 삼는다. 포세이돈은 폭풍에 요동치는 성난 파도와 같은 격정적인 감정파다. 포세이돈은 격정적인 성품의 소유자다. 제우스가 현실주의자라면, 포세이돈은 낭만주의자이며 계산을 모르는 순정파다. 포세이돈은 그저 마음 내키는 대로 하고 싶으면 하고, 하기 싫으면 안한다. 바다의 마음을 포세이돈이란 인물을 내세워 형상화한 것이라 생각한다. 바다가 갑자기 성난 파도를 만들고 광풍노도로 달려드는 것은 포세이돈이 노해서 그렇다고 하지만 그렇게 바닷속을 뒤집어 놓아야 깊은 바닷속까지 산소가 공급되어 해조류며 산호류, 바닥에 사는 조개류까지 살 수 있다. 결국 바다는 스스로 살기 위해 광풍노도를 일삼는 것이다. 그런 바다는 어찌 보면 여자의 질투나 시기심처럼 무섭기도 하지만 언제 그랬느냐는 듯 잔잔해지는 바다를 보면 아름답기가 그지없다. 그래서 남자들이 더욱 더 바다를 좋아하는 것 같다.

늙은 소가 밭을 갈고
늙은 소를 위해 꼴을 베고
친구처럼 연인처럼 평생을 함께 살며
쟁기질로 일궈놓은 땅에
발이 되어주고 말벗이 되어주던
늙은 소를 묻은 지 오래
늙은 소가 끌어주던 달구지소리도
커다란 눈망울을 껌벅거리며
집으로 가는 어스름 길에
말벗이 되어주던 워낭소리도
이제는 들리지 않지만
어린 시절 고향집이 그리워서
어머니 아버지의 추억을 찾아서
봉화면 하눌리 최씨 노인 가슴속에는
늙은 소의 워낭소리 끊이지 않겠지

- 「워낭소리」 전문

이 시는 오래전 영화관에서 상영되어 대 히트를 쳤던 독립영화의 제목이다. 경상북도 봉화면 하눌리 최씨 노인도 그 영화 속에 나오는 주인공이다. 농부와 소와의 관계를 통해 동물과 인간의 교감과 우정을 그린 영화다. 주인공 최씨는 결국 늙어서 죽은 소를 땅에 묻어주게 되고 영화 상영이 끝난 후 몇 년 후 작고했다는 소식을 텔레비전 뉴스가 전해준다. 절름발이 최씨 노인을 보면 어릴 적 절름발이의 몸으로 소를 몰던 제일이 아버지 생각이 난다. 어찌나 소 모는 소리가 크고 정겨운지 뒷둔지에서 소를 몰면 앞둔지까지 들리고 해방촌에서 소를 몰면 아랫동네까지 들렸다. 어릴 적 우리 집은 소작농이었다. 늘 장려소를 길렀다. 장려소란 남의 송아지를 데려다 길러서 그 소가 송아지를 낳으면 어미를 주고 송아지를 받는 일종의 노예계약이다. 송아지를 큰 소가 되게 길러서 그 소를 빼앗기는 심정은 이루 말하기 어렵다. 그렇게 송아지를 얻게 되면 그 송아지를 열심히 길러서 어미를 자기네 소로 만들며 송아지가 송아지를 낳도록 불려 나가면 좋은데 소작농의 가계 상황은 그리 녹록치 못해 팔아야 했는데, 어미를 빼앗긴 송아지가 며칠 씩 울거나, 내가 기르던 소가 팔려가는 날이면 밥을 먹지 않고 풀이 죽어 울던 생각이 난다. 장려소를 기르는 것처럼 삶이 어려운 사람들은 장려쌀을 가져다 먹는다. 장려쌀이란 일종의 쌀 고리대금업 같은 것인데, 봄에 남의 집 쌀 한 가마니를 빌려다 먹으면 가을에 두 가마니를 갚아야 하는 것이다. 자식들을 많이 낳던 시절에 5,6남매는 보통이고 7,8남매씩 낳던 시절에 먹는 일이란 인간이 해결해야 할 가장 큰 숙제였다. 우리 집은 늘 장려쌀과 장려소의 악의 순환고리에서 헤어날 수가 없었다. 그래서 아버지는 장려소를 기르며 남의 소에 매달린 워낭소리에 가슴 아파 했던 기억이 눈에 선하다. 나는 일찍 어머니를 여의어 고등학교를 진학하지 못하고 시골에서 농사를 지었었다. 그래서 소로 천수답 다랑논을 갈며 쟁기질을 배우고 써레질을 했다. 나무를 해서 발구에 싣고 내려왔다. 발구란 소의 멍에 위에 얹은 일종의 나무썰매인데 나뭇단을 6~8단씩 싣고도 내려오는 언덕이라 소는 큰 힘 들이지 않고 잘 끌고 내려왔다. 시골아이인 나에게 소는 친구이자 원수였다. 학교에 갔다오면 의례히 꼴을 베어야 했고, 여물을 썰어야 했으며, 여물을 끓일 물을 지게로 져날라야 했고, 가마솥에 여물을 끓여야 했다. 가끔 외양간의 소똥을 치워야 했고, 봄이면 두엄 내는 일을 도와야 했다. 그래서 소는 어린 내게 멍에였다. 그렇지만 소는 든든한 친구이기도 했다. 소의 풀을 뜯기로 나가 말뚝에 소를 매어놓고 하루 종일 물고기를 잡거나 수영을 하기도 했다. 개울가에서 소의 엉덩이에 달린 똥다뎅이를 물에 불려 떼어주며 목욕을 시켜주기도 하고 긁쟁이로 깨끗이 긁어주거나 싸리비로 빗어주면 소가 좋아서 가만히 있던 생각이 난다. 겨울이면 저녁마다 소에게 덕석을 입히는 것도 내 차지였다. 가끔 소를 타고 다니는 아이들도 볼 수 있었고 장날이면 우마차를 끌고 장에 갔다오는 어른의 우마차를 얻어 타고 집에 오는 행운은 지금도 잊을 수가 없다. 아마도 이재업 시인도 시골 소년으로 자랐기 때문에 나와 똑 같이 소를 기르며 자랐을 것 같다. 소는 인간의 조상이라고 한다. 지금 생각하면 소는 짐승이 나리라 가족이었던 것 같다.

살갗을 쥐어뜯는 칼바람에
사시나무 떨듯 울어대던 문풍지도
갈기갈기 찢겨져 나가고
추녀 끝에 거꾸로 매달린 고드름이
기둥을 받쳐 든 주춧돌을

마구 쪼아대던 그해 겨울도
마음만은 따뜻했었네

무릎을 덮을 만큼 쌓아올린
그 많은 눈 무게를 못 이겨
등 굽은 청솔가지는
꽁꽁 언 땅에 코를 처박고
힘겨운 사투를 벌이던 그해 겨울은
유난히도 춥고 길었지만
가슴속은 훈풍이 불어 따뜻했었지

세월의 두께를 덮어쓴
울타리 넘어 고목나무를 지나
골 깊은 계곡 바위틈을 흘러나온
청아한 물소리 하늘에 닿으면
놀란 토끼 눈을 하고
물웅덩이 속으로 뛰어들던 햇살이
살얼음에 갇혀버리던
그해 겨울은 참 따뜻했었네

- 「그해 겨울은 따뜻했네」 전문

이재업 시인이 자란 영월은 춥기로 전국에서 손꼽히는 동네다. 내가 자란 포천도 겨울이면 너무나 추웠던 기억이 지금도 생생하다. 그 시절의 겨울은 머리맡에 물을 떠다 놓고 자면 물그릇이 고봉으로 얼던 몹시도 춥던 겨울이었다. 가마솥에 끓인 물 한 바가지를 퍼가지고 찬물과 섞어 고양이세수를 하고 방으로 들어오려면 문고리에 손이 덜컥 덜컥 들러붙던 맹추위가 기승을 부리는 겨울이었다. 개울이 꽁꽁 얼어 십 리 밖까지 외발썰매를 타고 내려갔다가 썰매를 꼬챙이에 꿰어 메고 터벅터벅 올라오던 유년의 기억은 지금도 눈에 선하다. 눈이 온 다음날이면 초가지붕에서 거꾸로 자라 내 키보다 크던 고드름을 따서 칼싸움을 하면 한 방에 부러지던 고드름칼을 들고 웃던 그런 겨울이었다. 시골아이들이 추울까봐 엄마들은 이 옷 저 옷의 실을 풀어서 알록달록한 속바지를 떠주시면 부끄럽고 깔깔해서 안 입는다고 떼를 쓰다가도 점점 더 날이 추워지면 안 입을 수 없이 따스하던 뜨개바지를 입던 그런 겨울이었다. 올무를 놓아 산토끼를 잡아 고기는 먹고 토끼가죽에 지푸라기를 넣고 꿰맨 귀마개를 쓰고 다니면 손발은 추운데 머리에 땀이 나던 기억 등 추운 날의 기억은 너무나 많다. 그렇게도 추운 겨울이었지만 이재업 시인처럼 그 기억만은 너무나 따스하다. 그래서 이재업 시인 역시 그러한 기억들을 떠올리며 "그해 겨울은 따뜻했네"라고 말하는 것이다. 아무리 추운 날이라도 우리는 지금의 아이들처럼 방구석에 앉아 게임을 즐기기보다 손등이 트도록 썰매를 타고 연을 만들어 날리며 자치기를 했다. 그러면 엄마들은 가마솥에 물을 끓여 아이들을 부엌에 불러다 목욕을 시키고, 거칠게 튼 손등을 엄마는 돌멩이로 밀어주면 아이는 아프다고 앙탈을 부리던 겨울이었다. 설날이 되면 방앗간에서 가래떡을 빼 머리에 이고 가는 엄마들의 함지박에서 무럭무럭 김이 오르던 생각은 우리들의 기억 속에 따스하게 남아있다.

불을 때고 난 아궁에 속에 넣어둔 잘 구워진 감자를 꺼내 입 언저리가 새까맣도록 까먹던 생각은 우리들의 기억 속에 따스하게 남아있다. 질화로에 신김치와 고추장, 들기름을 넣어 비빈 비빔밥을 둘러 앉아 퍼먹던 생각은 우리들의 기억 속에 따스하게 남아있다. 그래서 우리들이 자라던 그 시절 영하 25도를 오르내리던 추위였지만, 우리들이 마음속에 그해 겨울은 정말로 따뜻하게 남아있다.

이렇게 해서 이재업 시인의 시 몇 수를 읽어보면서 그의 문학세계에 대하여 여행해보았다. 이 시집에 나타난 이재업 시인의 시에 대한 특징은 크게 두 가지로 분류된다. 이 시집에는 고향과 추억에 관한 시와 사물과 사람에 대한 사랑의 시가 들어있다. 그것은 그가 어렵고 척박한 농촌생활을 이겨나가기 위하여 유년의 영상 재현을 통한 행복한 감성을 유지하고 발전시키면서 변치 않는 아가페적 사랑의 감정을 하여 세상은 살만한 세상이라며 함께 사랑하고 의지하며 살자는 뜻의 세레나데를 부르고 있는 것이었다.

전자인 유년의 영상 재현을 통한 행복한 감정을 유지하고 발전시킨다는 것은 인간에게 있어 매우 귀한 감정이다. 어떤 사람들은 유년이 너무 고생스러워 생각하기조차 싫다고 말한다. 어떤 사람들은 군대를 갔다 온 후 자기가 복무했던 시절이 너무 고생스럽고 싫어서 철원이나 화천 등 자기네 부대가 있는 고장을 향하여 오줌도 누지 않는다고 말한다. 그러나 그것은 일부 몇 사람들만의 이야기고 사실은 유년을 보낸 고향을 누구나 잊지 못한다. 그래서 늑대도 죽을 때는 고향을 향해 머릴 두고 죽는다는 수구초심(首丘初心)이란 고사성어가 나왔지 않은가? 사람들은 초등학교 1학년부터 중학교 3학년까지 불과 8년 동안의 기억을 가지고 평생을 살아간다. 그만큼 자기가 태어나거나 자란 고향은 그 사람에게 매우 지대한 영향을 미치게 되는 것이다. 그런데 이재업 시인은 그 고장에서 태어나 그 고장에서 머리가 하얘지도록 살고 있다. 그러니 그를 키워준 곳도 고향이요 그가 에너지를 받는 곳도 고향이며 그가 마지막으로 뼈를 묻을 곳도 고향이다. 그런 고향에서의 유년은 그를 시인으로 만들었고 이러한 걸출한 시집을 내기에 이른 것이다.

그의 시에 있어 또 하나의 특징은 변치 않는 아가페적 사랑의 감정을 통한 세레나데라고 할 수 있다. 이재업 시인은 조건없이 사랑을 주는 사람이다. 그가 토마토와 배추와 옥수수에게 주는 사랑, 산과 나무와 강물과 물고기와 조약돌에게 주는 사랑, 나라와 영월과 고향과 이웃에게 보내는 사랑, 부모님과 형제와 아내에게 보내는 사랑의 열정은 언제나 샘솟듯 나온다. 무조건적인 사랑이다. 그의 사랑은 받고자 함이 아니다. 원래 아가페적 사랑이란 말은 신이 인간에게 보내는 무조건적인 사랑을 뜻한다. 이재업 시인이 신적인 존재는 아니다. 그러나 이재업 시인의 가슴에는 신비하리만큼 많은 사랑이 들어있다. 그래서 그의 눈에 보이는 존재들은 늘 안타깝고 목마르며 가엾은 존재들이고 그 존재에 대하여 변함없는 사랑을 보내고 있는 것이다. 이처럼 큰 뜻이 담긴 첫 시집의 상재를 진심으로 축하드린다.

이재업 시집

아내의 외출

초판발행일 2021년 5월 5일

지은이 : 이재업
발행인 : 김순진
편집장 : 전하라
디자인 : 김초롱
펴낸곳 : 도서출판 문학공원
등 록 : 2004년 3월 9일 제6-706호
주 소 : 우편번호 03382 서울 은평구 통일로 633
녹번오피스텔 501호 스토리문학사
전 화 : 02-2234-1666
팩 스 : 02-2236-1666
홈페이지 : http://cafe.daum.net/yob51
이메일 : 4615562@hanmail.net